DEUX RÉCITS

PAR

A. MORREN

MARSEILLE
TYPOGRAPHIE ET LITHOGRAPHIE H. SEREN
Quai de Rive-Neuve, 3.

1869

SOUVENIRS

D'UN

MARSEILLAIS

—

UNE CATACOMBE A ROME

ET

UN VOYAGE EN BELGIQUE

—

MARSEILLE
TYPOGRAPHIE ET LITHOGRAPHIE H. SEREN
Quai de Rive-Neuve, 3.
—
1869

UNE CATACOMBE A ROME

DISCOURS DE RÉCEPTION

PRONONCÉ PAR

M. MORREN,

DEVANT L'ACADÉMIE IMPÉRIALE DE MARSEILLE
EN JUIN 1855.

Messieurs,

C'est un devoir de consacrer aujourd'hui, mes premières paroles à vous exprimer une vive gratitude pour l'indulgence avec laquelle vous avez bien voulu m'accueillir : étranger à votre cité, n'ayant auprès d'elle d'autre titre que le désir de lui appartenir sans réserve, j'ai reconnu que, parmi les différents buts qui m'étaient assignés, il en était un qui appelait tous mes efforts ; il fallait me rapprocher des intelligences d'élite qui composent votre Académie, et, par des travaux sérieux accomplis dans votre pays et sous vos yeux, m'efforcer d'obtenir l'honneur d'être des vôtres un jour. Je vivais avec cette pensée et dans cette espérance, quand des amitiés, indulgentes comme votre accueil, cherchant dans mes travaux passés quelques titres à votre bienveillance, ont désiré me voir solliciter une candidature que j'aurais été heureux de mériter davantage.

En vous remerciant de cette faveur, je dois aussi m'empresser de reconnaître que vous avez voulu, dans la personne du doyen de votre Faculté des Sciences, honorer le choix de M. le

Ministre et les savants collègues dont Son Excellence a su m'entourer. C'est à eux, après vous, que je dois l'honneur que vous m'accordez aujourd'hui.

Vos suffrages m'ont imposé, dès le premier jour, des préoccupations graves, que je n'ai pas à vous cacher. Appelé par vos règlements à prendre la parole devant vous, quel tribut pouvais-je apporter pour mériter, comme je le désire, vos sympathies? Quel aliment offrir à votre attention, à votre goût! Nous savons combien chacun de vous donne à votre compagnie le droit d'être exigeante, et combien tous vous connaissez les chemins qui savent la charmer. Parler de nos sciences favorites nous eût bien séduit; mais, dans quelques jours, la Faculté paraîtra devant vous tout entière; dans quelques jours, tous ses enseignements vous seront à la fois livrés, soutenus par l'intérêt des expériences et par la séduction des appareils. Est-ce bien ici, est-ce aujourd'hui qu'il convenait de rompre le silence? Votre Académie, composée, elle aussi, de classes diverses, ne sait-elle pas mieux que personne que l'enseignement d'une faculté des sciences est une œuvre à la fois collective et austère. Notre union, notre ensemble, voilà notre force! Seul, devant vous, pour vous parler de l'enseignement de tous, j'aurais craint de vous en présenter trop faiblement le tableau.

Ces préoccupations vives et continuelles ne m'ont pas un instant quitté; elles m'ont suivi sans relâche dans un voyage que je viens de terminer à peine; elles m'ont fait chercher à Naples, chercher à Rome, une étude qui fût digne de vous. La Ville de Rome a ses grandeurs admirables; elle a aussi ses tristesses. Mais, qui de vous n'en a pas lu le récit dans l'élite de nos écrivains et de nos poètes? qui n'en a contemplé les peintures dans les chefs-d'œuvre de nos artistes, et, cependant, c'est à Rome, à Rome l'inépuisable, que nous empruntons le sujet dont nous essaierons de tracer devant vous une rapide esquisse.

En ce moment, un travail du plus haut intérêt se poursuit dans les Catacombes. Par les soins de la Papauté, de nouvelles parties, inexplorées encore sont aujourd'hui mises au jour. Les lieux, les tombeaux, les peintures chaque jour découvertes se rapportent aux trois premiers siècles du christianisme ; la première moitié de ces recherches et de ces restaurations est à peu près accomplie. M. le chevalier de Rossi, président de la commission nommée par le Souverain Pontife, publiera, bientôt sans doute, la description des monuments que relève son activité infatigable, soutenue, éclairée par l'archéologie et la science historique. (1)

Mais avant que ces travaux ne voient le jour, avant que ces publications ne viennent satisfaire l'impatience qui les appelle, nous avons pensé que vous écouteriez avec intérêt le simple récit d'une visite aux Catacombes, que M. de Rossi lui-même nous avait invité à parcourir à ses côtés. C'est avec son savoir, qui nous prodiguait les fruits de ses recherches, c'est, conduit par sa main, que nous avons visité les grottes souterraines, premier berceau de la civilisation chrétienne. Quelques jours auparavant, le père Marchi, dont tous, vous connaissez les précieux travaux sur les Catacombes, auxquelles ce savant semble avoir consacré sa vie, le père Marchi, avec une bonté et une complaisance dont le souvenir nous sera toujours précieux, nous conduisait dans les Catacombes de Sainte-Agnès. Pour rendre cette visite plus instructive, il avait voulu auparavant nous faire étudier avec soin et détails les richesses archéologiques que les Catacombes ont livrées en si grande quantité au musée du collége romain et à la bibliothèque du Vatican.

Les trois premiers siècles de l'Eglise sont des époques si héroïques et si belles, qu'ils sont revendiqués comme un domaine commun par toutes les branches du christianisme. Nous

(1) Cette publication est aujourd'hui terminée (Janvier 1869).

chercherons donc à ne pas nous placer à un point de vue exclusif; pour cela, nos paroles seront un récit sans commentaires ; et, pour mieux rendre la pensée qui nous dirige, nous nous plairons à citer ici l'un de nos plus éminents écrivains :

« La philosophie (dit M. Cousin) croit rester fidèle à elle-
« même, et, poursuivre encore sa mission la plus vraie, qui
« est d'aimer et de favoriser tout ce qui tend à élever l'hom-
« me, lorsqu'elle applaudit avec effusion au réveil du sentiment
« religieux et chrétien dans toutes les âmes d'élite, après les
« ravages qu'a faits depuis un siècle une fausse et triste phi-
« losophie. » Et plus loin, il ajoute : « Qu'elle n'eût pas été,
« en effet, la joie d'un Socrate ou d'un Platon, s'il eût trouvé
« le genre humain entre les bras du christianisme, etc. »

Parler de faits relatifs à l'époque des martyrs, ce sera rappeler les plus belles pages, chères à tous, de nos annales chrétiennes.

Pour être plus facilement compris, permettez-nous quelques détails indispensables; ils rendront mes paroles plus claires et plus rapides.

Par une singulière et curieuse coïncidence, pendant qu'à Rome on trouve de nouvelles parties des Catacombes et qu'on étudie des antiquités qui jettent un jour précieux sur l'histoire de l'Eglise, on découvre chaque jour et on étudie, à Pompeïa, sous les cendres du Vésuve, de nouvelles parties d'une ville antique, contemporaine de la naissance du christianisme ; ville curieuse, dont la civilisation, les habitudes, les mœurs, la vie entière sont ainsi révélés de la manière la plus saisissante. Ici, dans cette cité d'une importance historique très-secondaire, se rencontrent cependant les plus étonnantes merveilles des arts. Chaque habitation particulière est un musée ; souvent même on y aperçoit des chefs-d'œuvre si précieux et si beaux, qu'on se sent pris de regret et quelquefois de tristesse en voyant combien les produits même les plus heureux de nos arts, sont loin de ces merveilles antiques. Mais, sous cette enveloppe de radieuse élégance, on touche du doigt les vices et la corruption profonde de la société païenne dans laquelle, dès les derniers temps de la république, à l'époque de Cicéron, la foi religieuse avait abandonné même le pontife des Dieux, et où la vertu et la pureté n'avaient plus de sanctuaires. Il suffit de songer au musée secret de Naples, d'évoquer le souvenir des voluptés de Baia et de désigner du doigt les débauches impériales de Caprée, pour sentir ce qu'était la corruption générale à l'époque où parut le christianisme.

En voyant à Pompeïa ces habitations luxueuses, que des privilégiés, aussi riches en millions qu'en esclaves, décoraient avec un soin si habile, avec une intelligence si minutieuse des jouissances sensuelles, ce seul but de la vie païenne, on sent à merveille que d'abord un dédain moqueur fut le premier accueil que fit cette société raffinée et dissolue à la folie de la Croix et à l'humble pauvreté des Apôtres. On prenait en pitié ces ignorants et insensés réformateurs. Néron, aux premiers jours, attachait saint Paul à une chaîne, rivée au bras d'un soldat; il le laissait débiter ses doctrines.

Mais ensuite on comprend la cruauté farouche et la haine implacable avec lesquelles cette société tortura et voulut anéantir les néophytes, quand, menacée dans ses jouissances, elle sentit monter de toutes parts le flot irrésistible du stoïcisme chrétien. Non, dans ces années lugubres, sans égales dans l'histoire, nous n'accuserons pas un seul homme, un prince, un empereur, pour ces persécutions sanglantes et prolongées. Un seul homme, nous voulons le croire, eût été impuissant à commander tant d'horreurs, s'il n'avait eu derrière lui une société déchaînée, déjà aux abois et frappée au cœur dans ses priviléges, dans la sensualité de sa vie. La religion nouvelle, cependant, bien différente en cela des doctrines des novateurs de notre époque, qui ont voulu se comparer à elle, respectait le pouvoir et la richesse comme des dons de

Dieu ; elle rendait à César ce qui appartient à César. Mais, lumière et salut des âmes qu'elle émancipait, et qui, pour elle, avaient toutes un prix égal, elle venait par sa parole mettre un terme aux misères et aux scandales de l'orgie païenne. Inflexible, elle jouissait du triste mais glorieux privilége de la vérité devant l'erreur, celui de soulever d'implacables colères, et ses doctrines suffisent à expliquer cette singulière époque, dans laquelle les principes seuls étaient le conquérant irrésistible, dans laquelle le vainqueur était la victime, et le vaincu furieux était le bourreau.

Pour se soustraire à ces persécutions affreuses, pour pouvoir suivre avec quelque sécurité la pratique et les enseignements du culte chrétien, il fallait un lieu de refuge ; les Catacombes furent donc creusées. Mais ces retraites avaient encore à pourvoir à d'autres nécessités du temps et des croyances nouvelles. La société païenne avait vu s'affaiblir l'antique respect pour les morts. Quelques mausolées, dont nous voyons encore les orgueilleux débris, les tombes de Celsius, de Metella et d'autres encore, nous disent bien que les plus puissants et les plus riches avaient leurs magnifiques monuments funèbres et leurs tombes isolées. Les *columbaria* moins fastueux étaient encore le privilége des familles opulentes, qui souvent accordaient à quelques affranchis, à quelques esclaves aimés, le droit d'y placer leur urne et leur poussière. Mais pour les autres, moins fortunés, la sépulture devait être commune. Il y avait des bûchers établis en permanence où les plébéiens étaient jetés et brûlés pêle-mêle. Pour le reste, chose horrible ! pour les plus pauvres, pour les esclaves, cette bête de somme avilie, cette chose possédée, il y avait des fosses, des puits profonds, creusés près de la porte Esquiline, *puticoli*, où la chair de la créature humaine allait avec les cadavres des animaux, pourrir dans ce dernier asile. Triste sépulture, que le scepticisme railleur de cette époque trouvait sans doute suffisante pour les dernières exigences du nautonnier funèbre.

Le christianisme, au contraire, enseignait à tous, aussi bien au riche qu'au pauvre, au patricien qu'à l'esclave, que nos corps, associés à une âme immortelle rachetée par un sang divin, ont droit à tous nos respects; qu'ils sont ici-bas les temples vivants de Dieu, et qu'un sort glorieux sera leur partage dans le monde de la justice, pour ceux qui auront dignement accompli leur pèlerinage. *Fiducia christianorum resurrectio mortuorum*, disait Tertullien ; ces préceptes étaient encore fortifiés par la vénération profonde pour les restes des martyrs qui, dès le premier jour, fut la foi de l'Eglise naissante.

Ainsi donc, ce n'était pas seulement un refuge assuré et un sanctuaire de prières que ces lieux devaient offrir, c'était aussi un dernier asile pour les sépultures chrétiennes.

En général, on ne se fait pas une idée assez précise de ces noires et tristes nécropoles, dans lesquelles nous avons peine à rester quelques heures, et où beaucoup demeurèrent de longues années. Imaginez des corridors très-étroits (ayant moins d'un mètre), tantôt droits, tantôt tortueux, qui, les uns, montent, les autres descendent, et sur lesquels arrivent, à angle droit, des corridors sans nombre, toujours étroits, mais d'une hauteur variable, s'entrelaçant à l'infini, ouvrant tantôt à droite, tantôt à gauche, de sombres profondeurs où l'on ose à peine prendre le temps de plonger le regard, si les pas du guide qui vous précède deviennent un peu plus rapides. Puis, sans cesse à vos côtés, pratiquées dans les murs, des niches oblongues, toujours horizontales, de longueur différente, suivant l'âge et la longueur des morts qu'elles renferment ; profondes plus ou moins, suivant qu'elles contiennent un ou plusieurs hôtes. Ces niches partent du sol et s'élèvent, les unes au dessus des autres, de manière à former trois, quatre, cinq et même quelquefois jusqu'à douze cavités sépulcrales superposées. C'est là que la piété du fossoyeur a régulièrement rangé les œuvres de la mort et des persécutions païennes.

Dans ces sombres demeures, le cœur est saisi par une tristesse et une pitié sans terme. Quelles douleurs, quels fléaux ont frappé ces époques désolées, pour les réduire à de tels moyens de salut. La victime et le sacrifice ont, il est vrai, des consolations inconnues, et nul, aujourd'hui, ne saurait analyser et dépeindre l'émotion que, dans ces jours d'épreuve, devait éprouver une âme élevée et recueillie, quand, au milieu des périls et du mystère qui la retenaient dans ces lieux, elle écoutait ces prières, ces chants, cet enseignement d'un culte et d'une morale sublimes, auprès des tombes glorieuses des martyrs et des frères fidèles endormis déjà dans le Christ. Quelle austérité dans ces émotions si belles et sous ces voûtes sombres, quelles mâles consolations pour les premiers héros du Christ !

Quand le fossoyeur avait placé les corps dans les cavités sépulcrales, on fermait celle-ci avec des briques ou du marbre portant l'inscription funéraire. Le pourtour était soigneusement clos avec du ciment sur lequel, lorsqu'il y avait lieu, on traçait la palme ou l'ampoule, indices variés du martyre, suivant que le sang avait été ou non versé.

Lorsqu'on parcourt d'un pas rapide ces longues galeries souterraines, on s'étonne de la quantité immense de tombes qui passent, et l'imagination cherche à se représenter le nombre de ces habitants des Catacombes, dont souvent, dans les tombeaux entr'ouverts, on aperçoit les restes rongés, affaissés par le temps et dessinés par lui sur le fond noir du sépulcre en une image blanchâtre, si légère quelquefois, que le moindre souffle semblerait pouvoir l'emporter. Les calculs les plus modestes évaluent à six millions le nombre des chrétiens couchés dans les soixante catacombes qui forment la Rome souterraine. Ce chiffre a son grand intérêt, car, après la paix de l'Eglise, et à partir du Ve siècle, l'usage de ces tombes souterraines devint moins général. Presque tous ces morts appartiennent donc aux premiers siècles, et on voit dès lors avec quelle rapidité le christianisme avait envahi la société romaine.

Telles sont ces antiques demeures dans lesquelles nous avons maintenant à pénétrer.

Le 2 avril dernier, M. le chevalier de Rossi nous avait donné rendez-vous auprès d'une petite église située à la porte de Saint-Sébastien. Le nom de cette église, *Domine quo vadis*, se rapporte à une pieuse légende qui met ces paroles dans la bouche de saint Pierre s'échappant de Rome et rencontrant, dit-on, Jésus-Christ sur la voie Appienne.

Avec nous, arrivaient quelques voyageurs choisis, appartenant à d'illustres familles françaises ; plusieurs parmi eux occupent, en ce moment, près du trône, des positions élevées. Puis, accompagné de son fils, M. Dumortier, membre de la Chambre des Représentants de Belgique, académicien de l'Institut royal de Bruxelles, et ami dévoué de notre famille ; avec nous étaient le digne curé de Ville-d'Avray et son neveu. Nous citons à dessein ces compagnons de notre excursion souterraine. Si l'écho de nos paroles leur revient, ils reconnaîtront avec quel respect fidèle nous avons cherché à reproduire et les lieux que nous avons parcourus, et les sentiments que notre savant guide a fait naître en nous.

M. de Rossi, avec une réserve extrême, n'avait voulu près de lui qu'un très-petit nombre de visiteurs studieux et amis des recherches sérieuses. Il pouvait ainsi, devant des auditeurs qu'il savait avides de l'entendre, exposer avec plus de facilité, plus de suite et plus d'abandon, le récit de ses explorations et de ses travaux.

Deux routes viennent se joindre un peu en avant de la petite église qui nous avait réunis ; l'une à gauche est la célèbre voie Appienne, la reine des voies consulaires, l'autre à droite conduisait à Ardée.

M. de Rossi nous montra du doigt la voie Ardéatine : nos voitures suivirent la sienne, et, au bout de quelque temps, tous nous descendons, munis de nos flambeaux. Toutefois, avant de commencer notre exploration souterraine, notre guide nous arrête, et, dans quelques aperçus généraux sur les Catacombes, expose l'opinion, aujourd'hui partout admise, du père Marchi, relativement à la construction de ces demeures souterraines que des mains chrétiennes ont seules creusées et qui jamais n'ont été des carrières et des mines de pouzzolane.

— Nous sommes en ce moment, nous dit-il, au dessus de la plus célèbre catacombe de Rome ; sous nos pieds, sont les souterrains qui ont servi de résidence aux pontifes des premiers siècles, et surtout du IIIe, période sanglante des martyrs. L'Eglise, la science chrétienne, éclairées par les récits contemporains et l'investigation des sépulcres, estiment que ces douloureuses époques ont amené, dans cette seule catacombe, les corps de 174,000 martyrs. Enfin, à l'avénement de Constantin, quand la paix fut rendue à l'Eglise, les annales du IVe siècle disent avec quel pieux empressement, avec quel respect joyeux, les chrétiens rassurés et libres redescendaient vers ces tombes vénérées, pour adresser leurs pieux hommages à ces vainqueurs tombés avant le jour du triomphe.

Les Papes, afin de rendre ces visites plus faciles, firent ouvrir deux larges escaliers qui descendaient directement dans les catacombes des martyrs les plus illustres. Par leurs soins et par ceux des fidèles, ces lieux s'embellirent de marbres et d'inscriptions pieuses. Suivant les récits comtemporains, les pèlerins arrivaient en foule de tous les points de l'empire pour visiter les glorieuses reliques. Mais bientôt le Ve siècle et ceux qui suivirent amènent le deuil et la désolation des barbares. Une main avide et ignorante cherche partout le pillage ; la demeure des morts n'est pas épargnée, et c'est surtout dans les parties historiques, dans les parties plus embellies, que les ruines s'amoncèlent : au milieu de ces longues tristesses, le temps recouvre ces débris, de poussière et de végétation. Le soc de la charrue, en nivelant et cultivant le sol, vient effacer les derniers vestiges de ces travaux historiques des Papes. Pendant des siècles, le silence règne sur ces demeures abandonnées, dans lesquelles ne pénètrent plus que quelques rares et hardis visiteurs. Enfin, après Bosio, Boldetti et beaucoup d'autres encore, jusqu'au savant père Marchi, notre époque amène des investigations et des études plus actives. Toutefois il est des points qui présentaient à tous d'inexplicables débris.

Lorsqu'on pénètre dans les Catacombes de Saint-Calixte par les ouvertures secrètes des premiers jours, lorsqu'on explore toutes leurs galeries tortueuses, il y a deux points vers lesquels de tous côtés on vient heurter des ruines qui vous arrêtent. La maçonnerie en fragmens, les marbres brisés remplissent jusqu'au haut les corridors qu'ils rendent infranchissables. Ces lieux, ces deux assemblages de débris sont une énigme d'autant plus curieuse à étudier, que sur le sol, en dessus et au dehors, il y a des ruines analogues avec les restes de deux chapelles antiques, qui, d'après les habitudes des premiers fidèles, doivent certainement avoir été construites au dessus des tombes des martyrs les plus illustres des Catacombes. C'est là, disait M. de Rossi au Saint-Père, c'est là que sont les pages les plus belles et les plus instructives des Catacombes. Ces débris auront leur éloquence, et révèleront les lieux historiques visités par les chrétiens du IVe siècle.

La sollicitude et la munificence du Souverain Pontife ne furent pas évoquées en vain ; par ses ordres le champ, la vigne qui recouvrent ces ruines historiques, ont été achetés. Une commission s'est occupée de ces travaux de restauration et d'études ; le premier point, la première partie a livré ses mystères que nous allons connaître : la seconde fera bientôt de même.

En disant ces mots, notre guide nous fait franchir les travaux et le cercle des ouvriers. Autour de nous sont épars, en grand nombre, les débris des marbres qui n'ont pas encore trouvé leur place. Une surveillance active, sévère, empêche qu'une seule pierre ne soit éloignée même momentanément du lieu qu'elle occupe ; tous les débris ont été étudiés sur le point où ils ont été trouvés.

Devant nous se présente un escalier large et spacieux, dont quelques parties toutes récentes se rattachent aux constructions anciennes, respectées partout avec un soin extrême ; c'est l'escalier historique des Papes. En le suivant, nous descendons dans plusieurs salles consécutives ; les corridors qui les unissent sont de distance en distance éclairés par des ouvertures, ou *lucernaires*, montant jusqu'au sol, et laissant la lumière pénétrer dans ces profondeurs. Ces clartés rappellent à l'esprit l'intéressant récit de Saint Jérôme.

Dans le milieu du IV° siècle, jeune encore, étudiant à Rome, saint Jérôme allait avec ses amis, le dimanche, visiter les cryptes saintes des Catacombes où, dit-il, *raro desuper lumen admissum temperat horrorem tenebrarum.*

— Cette salle plus grande, nous dit notre guide, est le vestibule où les pèlerins attendaient leur tour pour visiter plus à l'aise et en groupes moins nombreux les tombeaux sur lesquels ils venaient offrir leur prière. En regardant ces murailles, on voit qu'autrefois, comme aujourd'hui, beaucoup se plaisaient à leur confier leurs pensées. Dans les lieux ou quelques hommes se réunissent, dans les localités célèbres, qu'on vient de loin visiter, il parait qu'il y a un charme particulier à écrire son nom, ses observations variées et souvent même la date de son pèlerinage. Voyez sur ces murs ces inscriptions nombreuses, ces noms si divers. L'orthographe, la forme et la disposition des lettres grecques et latines fournissent à l'archéologue mille détails précieux. Cette épigraphie bien étudiée lui apporte une vive lumière pour reconnaître avec certitude l'époque même de l'inscription. Ici se trouve plus d'un nom historique, et souvent, à la suite, sont indiqués les motifs du pieux voyage. Voyez celui-ci, il venait prier les martyrs pour le repos éternel d'une personne bien aimée qu'il avait perdue ; voyez, et, en même temps, le flambeau de M. de Rossi nous permit de lire ces mots : *Sophronia, vivis in Deo!... Sophronie, vous vivez en Dieu* !... Regardez, et retenez bien cette inscription, la forme de ces lettres ; vous les verrez partout reproduites. Dans toutes les salles, le pèlerin écrit son espérance ; timide d'abord, il emploie le présent : *Sophronie, vous vivez* ; mais, au contraire, voyez dans cette salle dernière, attendri et certainement rassuré par la ferveur de sa prière, il ne doute plus, car il a obtenu ; il a écrit : *Sophronia dulcis, semper vives in Deo, Sophronia vives in Deo* !... *Douce Sophronie, vous vivrez toujours en Dieu* ; oui, *Sophronie, vous vivrez en Dieu* ! Ce mot *vives* montre ici sa ferme certitude dans sa prière et dans le Seigneur. Noble prestige exercé par un sentiment profond et naïvement exprimé. Cette antique inscription parlait à nos cœurs, et malgré la distance des âges, nous entendions la voix du pèlerin confiant et consolé.

Les autres inscriptions furent lues avec une avidité curieuse ; tout nous intéressait sur ces murs découverts de la veille et tout frais encore malgré leur antique vétusté. Du vestibule, nous passons dans la première salle. Là, dans la partie la plus apparente, s'offre à nous le tombeau de saint Sixte II ; tout autour et à différente hauteur, sont placées, au devant des sépulcres, des plaques de marbre, dont les débris, rapprochés avec soin, permettent de lire les noms des Papes du IIIe siècle, depuis saint Pontien et saint Antheros jusqu'à saint Melchiade, tous reposent dans ces lieux qui furent leur demeure et d'où ils dirigèrent l'Eglise.

Une particularité curieuse a été offerte par la plaque très-grande qui se trouve au-dessous de l'autel et à la partie inférieure du tombeau de saint Sixte. Le marbre porte une très-belle inscription damasienne. On reconnaît qu'il est, comme les marbres précédents, formé de morceaux rapprochés et ajustés avec une attention extrême. Tous ces débris étaient mêlés à beaucoup d'autres. Un seul morceau, celui qui terminait l'inscription à droite, était resté en place, retenu par le ciment; il donnait la terminaison finale des cinq ou six derniers vers. C'est aidé par cette seule indication et par la forme des fragments que M. de Rossi a essayé de reproduire l'inscription tumulaire; elle est du pape Damase. Une circonstance heureuse donne aux inscriptions dues à ce pontife un caractère particulier; les artistes qui les ont gravées sur le marbre se sont servis de lettres dont la forme est très-belle, toute spéciale et qui constitue une épigraphie bien connue des archéologues; elle a établi ce qu'on appelle l'écriture et les inscriptions damasiennes. L'attention la plus légère suffit pour faire reconnaître, entre toutes, les lettres qui leur ont appartenu.

M. de Rossi, par un labeur très-patient, avait réussi à reproduire l'épitaphe, quand ses recherches lui ont donné le texte même des vers du pape Damase, et son travail a été vérifié. Nous aimons à redire ici cette inscription qui s'adressait aux pieux visiteurs du IVe siècle, et qu'un ouvrage de la Bibliothèque de Marseille nous a donnée :

« Ici repose réunie cette multitude de saints que vous devez
« connaître; dans ces sépulcres vénérés sont placés leurs corps,
« leurs âmes sublimes ont été attirées par la cour céleste. Ici,
« les compagnons de Sixte portent les trophées de l'ennemi.
« Ici, ces nombreux martyrs des autels du Christ. Ici, repose
« couché, le prêtre qui vécut dans une longue paix. Ici, les
« saints confesseurs envoyés par la Grèce. Ici, les jeunes gens,
« les enfants, les vieillards et les chastes victimes qu'entoure
« une pudeur virginale. Ici, moi Damase, je l'avoue, j'ai désiré
« ensevelir aussi mes ossements; mais j'ai craint de troubler
« les restes vénérables de cette sainte assemblée. »

Hic congesta jacet quœris si turba piorum
Corpora sanctorum retinent veneranda sepulcra.
Sublimes animas rapuit sibi regia cœli.
Hic comites Xisti portant qui ex hoste trophæa.
Hic numerus procerum servat qui altaria Christi.
Hic positus longa vixit qui in pace sacerdos.
Hic confessores sancti, quos Græcia misit.
Hic juvenes, puerique, senes, castique nepotes,
Quis mage virgineum placuit retinere pudorem.
Hic fateor, Damasus, volui mea condere membra
Sed cineres timui sanctos vexare piorum.

C'est dans ces retraites mêmes que plusieurs de ces premiers pontifes, presque tous martyrs, ont reçu la mort ; quelques-uns, saint Etienne 1ᵉʳ, sur leur chaire pontificale, encore aujourd'hui conservée ; d'autres sur l'autel des martyrs et en célébrant la messe. Ici, dans cette enceinte, ils consolaient et dirigeaient les fidèles éperdus. La terre que vous foulez est imprégnée de leur sang. Plus loin, sont les lieux anciennement connus où reposait sainte Cécile. Son tombeau, ouvert plus tard, fut exposé pendant huit jours à la vénération de Rome ; il montrait la sainte revêtue encore de son antique robe de soie et d'or. La jeune martyre était couchée dans une position si simple, si belle et si gracieuse, qu'un artiste, Stephano Maderno, en fut frappé. Il voulut la rendre avec une fidélité extrême, et son ciseau a produit la belle et touchante statue en marbre que l'on admire dans l'église construite, à la prière de la vierge mourante, sur l'emplacement de sa demeure et le lieu de son supplice.

Par une circonstance heureuse, l'accumulation même des débris, dans la partie inférieure, a préservé les tombes les plus basses qui, intactes et tout entières, sont précieuses par leurs inscriptions et leurs richesses archéologiques.

Avançons plus loin, dans les galeries souterraines. Ici, comme à Sainte-Agnès, nous trouvons des peintures à fresque très-variées, dans des salles ou cabinets de trois grandeurs : les premières, plus petites que les autres, mais semblables pour la disposition, sont l'œuvre des fidèles riches ou aisés, ouvertes et ornées par eux, par leur piété particulière. Ces constructions diminuaient les charges de l'Eglise et offraient des lieux de réunion pour les petites assemblées ; les autres sont plus spacieuses ; la plupart ont une partie arquée, disposée en cintre, qui est le plus bel ornement de ces *cubicula*. Cette partie, appelée Arcosolium, est placée au-dessus et en arrière du tombeau du martyr qui fait saillie et présente une table horizontale sur laquelle la messe était célébrée. A droite et à gauche, les parties latérales, légèrement excavées, ont aussi un arc qui va toucher la voûte. Dans ces trois parties circulaires, sont les plus importantes peintures qui recouvrent tous les murs de ces chapelles souterraines. Chose singulière, mais importante à signaler, les plus anciennes de ces représentations ont presque toujours des détails d'ornement qui, en quelques points, rappellent des souvenirs du paganisme ; on sent que dans ces peintures, qui ne sont pas sans analogie avec les habitudes des demeures antiques, l'artiste chrétien, qui dessinait, n'avait pu complétement se séparer de ses premières études païennes.

Les autres chapelles ou *cubicula*, placées soit en face, soit à la suite les unes des autres, sont un peu plus grandes, elles sont mieux ornées, et quelques-unes possèdent le siége destiné au pontife.

Un mot suffira pour vous peindre ces lieux de réunion des premiers chrétiens. Depuis que nous les avons visités, nous ne pénétrons plus dans nos chapelles et nos églises actuelles sans être profondément frappé de la ressemblance parfaite qui se trouve entre nos monuments et ces chapelles antiques ; sauf les proportions, qui, pour ces dernières sont exiguës et restreintes, la disposition est exactement la même. Nos églises présentent, comme elles, une nef centrale pour les fidèles ; à l'extrémité, un autel-tombeau, surmonté de peintures; à droite et à gauche, des chapelles latérales disposées et ornées de la même manière. Évidemment l'architecture chrétienne a trouvé ses premières inspirations dans les Catacombes, et nos églises, conservant de pieux souvenirs, ont fidèlement reproduit la forme de ces cryptes primitives.

Le temps qui nous presse nous oblige, malgré nous, à ne pas parler avec détail des curieuses peintures de ces chapelles; elles ont d'ailleurs été étudiées avec un soin extrême et reproduites dans des ouvrages précieux. Nous nous bornerons à en citer quelques-unes qui nous ont particulièrement frappé.

Dans l'une des plus spacieuses chapelles, est un monument arqué, de la meilleure conservation ; tout autour de l'autel du martyr sont trois sujets bibliques différents. A droite, est le miracle des eaux du désert; Moïse, sous les traits de saint Pierre (et presque toujours nous verrons le chef chrétien substitué au chef de la loi judaïque), Moïse, frappe le rocher d'où sortent les eaux régénératrices. En face, au-dessus de l'autel-tombeau, se voit le bon pasteur portant la brebis égarée. A gauche, le miracle de la multiplication des pains. Ainsi, sur cet autel des premiers jours, nous reconnaissons trois sujets: le Baptême, la Pénitence et l'Eucharistie, que l'Eglise, cette gardienne fidèle des traditions antiques, place encore autour de nos autels, aujourd'hui. Ces fresques, d'un excellent style, appartiennent évidemment à la fin du Ier ou au commencement du IIe siècle. Il n'y a pas d'erreur possible ; car à Rome, la décadence des arts marcha vite, et l'on sait combien est grande la distance qui, sous ce rapport, sépare la dynastie des Césars et même la dynastie Flavienne de l'ère de Constantin. Cette chapelle présente dans son monument arqué une dévastation singulière faite par les mains pieuses du temps; elle porte ainsi avec elle un enseignement plein d'intérêt. On sait l'empressement avec lequel les chrétiens désiraient reposer, après leur mort, auprès des tombes des martyrs. Une famille, très-influente sans doute, a obtenu de faire placer l'un de ses membres au-dessus de la table horizontale de l'autel et dans la partie arquée et déjà peinte de la crypte vénérée. Pour cette sépulture, il a fallu couper en deux la fresque qui représente le Bon Pasteur, dont la tête, les épaules et les pieds ont seuls été épargnés. Ce fait prouve que des influences puissantes et vénérables sans doute, pouvaient fléchir le *fossor* (fossoyeur), ce fonctionnaire civil le plus élevé, le plus vénéré de ces époques terribles. Il nous faut, en passant, dire ici que les Catacombes ont pour ces hommes dévoués des épitaphes et des peintures qui ennoblissent celui que saint Jérôme représente comme le successeur de Tobie, accomplissant comme lui les œuvres saintes qui mènent au ciel. Le *fossor* intrépide n'avait pas pour seule mission de présider à l'ouverture et à la distribution des tombes et des galeries, suivant un plan toujours arrêté et déterminé; une occupation pleine de dangers et de vigilance l'appelait au dehors; partout, et, au péril de ses jours, il enlevait, il lavait de ses mains le corps des chrétiens frappés par la persécution; il assurait leur sépulture, souvent bien à la hâte, car le bourreau lui laissait peu de loisir; et sa main traçait sur le ciment encore frais des sépulcres les signes symboliques du martyre.

Les peintures et les inscriptions de ces cryptes successives, le symbolisme varié dont elles s'entourent, présentent à chaque pas une curieuse étude. On lit avec intérêt dans ce livre où lisaient les néophytes; partout on reconnait avec quel soin, avec quelle intelligence de leur esprit, les livres saints étaient expliqués. Quelques parties de l'ancien et du nouveau Testament semblent l'objet d'une prédilection marquée; ainsi, de tous côtés, on rencontre les jeunes Hébreux dans la fournaise et chantant leurs cantiques; touchante peinture qui, alors, exprimait naïvement les dangers et les devoirs du fidèle. A chaque pas, l'arche et la colombe du déluge; à chaque pas, la manne du désert et la multiplication des pains, pour représenter l'Eucharistie. Plus souvent encore, le paralytique portant son lit, pour célébrer le pouvoir de lier et de délier, possédé par la parole du Christ. Ces dernières peintures reportaient même involontairement, notre pensée vers ces siéges sculptés dans le tuf et dans les angles de quelques cryptes des Catacombes, et dont l'office, comme fauteuil de pénitence, a donné lieu à d'intéressantes controverses. Aussi je ne fus pas surpris d'entendre un de nos compagnons de voyage ajouter : « Ces siéges sont pour moi d'inamovibles témoins qui ont une extrême éloquence ; je vois toujours au-dessus d'eux ce mot de Tertullien : *Caris Dei adgeniculari*, et ils me donneraient une très-vive inquiétude, si je n'étais pas catholique. »

Une particularité qui nous a frappé, dans toutes ces peintures, c'est que, partout, la Vierge est représentée dans l'attitude des personnes qui intercèdent et prient, les mains levées. *Orantes* ! c'est le nom consacré, et quand on songe aux douloureuses séparations qui, plus tard, ont affligé l'Eglise, on ne voit pas sans une émotion profonde la représentation de la Vierge, portant sur ses genoux l'Enfant Divin, placée au-dessus de ces autels et de ces tombeaux des martyrs par des mains qui, peut-être, ont touché les Apôtres.

Avec leurs peintures, ces tombeaux nous ont encore livré d'autres lumières sur ces premiers âges. Nous avons vu des objets en verre, tels que vases sacrés et verres orbiculaires, qui sont des compléments précieux pour éclairer le symbolysme des fresques ; leurs dessins, leurs légendes, nous ont rendu plus dociles aux explications sur les peintures que nous avaient données nos savants guides. Ces objets, bien que très-fragiles, ont été parfaitement respectés par le temps. On peut ensuite les considérer et les étudier plus à l'aise que les fresques, quelquefois altérées, et souvent vues à la hâte et à la pâle lueur des flambeaux. Nous avouons éprouver d'ailleurs pour le verre, pour ce produit souvent si pur de l'industrie humaine, une affection toute spéciale. Nous ne pouvions douter de l'antiquité des objets de cette nature que contenaient ces tombes séculaires, puisqu'à partir du IIIe siècle, l'usage de cette substance pour les vases sacrés fut défendu par l'autorité pontificale, qui prescrivit celui des métaux. Tous ces vases et ces débris antiques sont en verre double de deux fusibilités différentes ; entre ces deux couches, sont placés des dessins en or qui, sous cette enveloppe limpide, ont été parfaitement à l'abri de toute injure et se présentent à l'œil avec une netteté sans égale ; le verre extérieur seul a parfois, en quelques points, la teinte blanchâtre, irisée, châtoyante, que le temps et les influences extérieures lui donnent très-souvent. Ces dessins, qui ont plus de quinze siècles d'existence, semblent sortir de la main qui les a tracés.

Dans ces vases, comme dans les peintures que nous avons citées, lorsqu'un fait de l'Ancien Testament a été choisi, toujours Moïse, le chef hébreu, est représenté sous les traits de Saint Pierre, le chef de la loi nouvelle ; et souvent, pour éviter toute erreur, le nom de *Petrus* est écrit au-dessous du législateur hébreu. Dès les premiers jours du christianisme, on a compris ou indiqué que l'Ancien Testament ne devait plus être qu'un symbole. A côté de ces verres, et comme eux sortis des Catacombes, est une coupe conservée au collége romain ; elle rappelle des détails indiqués dans les peintures. Elle est en bronze. Les lieux où on l'a trouvée et les lignes de ses dessins la rendent contemporaine des premiers temps de l'Eglise ; elle servait au baptême des néophytes. Dans la partie la plus élevée, le Christ, sous les traits de Tobie, tient par l'ouïe le poisson, ce symbole favori des premiers chrétiens, le poisson dont le fiel rend la vue et chasse l'ennemi, et dont la chair est le viatique envoyé par le ciel pour soutenir durant le long voyage. Tous les Apôtres, autour du Chef, apostolisent et pêchent à l'envie sur la mer qui occupe le fond de la coupe ; un seul ne pêche pas, un seul tient le gouvernail et conduit la barque ; son nom le désigne, c'est saint Pierre, dont cette antique peinture consacre la mission spéciale. Les poissons de cette coupe nous rappellent d'autres faits encore. Sur beaucoup de tombes nous avions vu tantôt un poisson dessiné seul, tantôt le mot grec ιχθυς qui le désigne. Pourquoi cet emblème si répété? Tous, nous invoquions encore l'histoire de Tobie, quand on nous fit connaître l'explication donnée à cet égard par saint Prosper, dans son ouvrage intitulé *des Prédictions* ; les premières lettres du mot *poisson*, en grec ιχθυς (1), sont les premières des mots grecs suivants: Ιησους χριστος θεου υιος Σωτηρ « Jésus-Christ, fils de Dieu, sauveur. » — Nos ancêtres, dit saint Prosper, ont tiré cette explication des vers de la sybille d'Erythrée, qui, dès les premiers jours, circulaient parmi les fidèles. — Ce mot devenait donc un pieux symbole ; et quand au loin tombait un chrétien, que la nécessité forçait de placer dans une tombe solitaire, on traçait sur celle-ci le signe précieux, devant lequel le païen passait indifférent et qui attirait le respect et la sympathie du chrétien fidèle.

Pardonnez-nous, Messieurs, ces longs détails, et cependant, faut-il vous l'avouer, nous regrettons, emporté par le temps qui nous presse, et malgré les difficultés de récit dont notre sujet nous entoure, de n'avoir pas à le développer devant vous davantage. Ces lieux, d'un prestige et d'une antiquité vénérables, émeuvent tellement l'âme, ils donnent aux paroles qu'on y écoute une éloquence si saisissante, que, loin d'eux, la parole se sent impuissante et décolorée. Il faudrait les dons et les inspirations du génie pour peindre dignement ici les sentiments que font éprouver ces cryptes saintes et leurs héroïques souvenirs.

Toutefois, avant de quitter ces demeures, permettez-nous un mot encore. Notre guide, en nous montrant les fresques

---

(1) Ιχθυς namque latine, piscis, hoc sacris litteris majores nostri interpretati sunt ex sybillinis versibus colligentes.

sépulcrales, nous faisait observer l'attentive réserve avec laquelle l'Eglise des premiers jours donnait peu à peu l'enseignement aux néophytes. Ici, dans les premières salles destinées aux nouveaux convertis, aucune peinture, aucune représentation symbolique ; plus loin, au contraire, les enseignements ont commencé, et, avec eux, les peintures inspirées par la Bible. A mesure qu'on s'approche des lieux où le chrétien éprouvé verra la pratique des saints mystères, les peintures et les représentations se multiplient, et partout on reconnaît que si l'Eglise livre sans réserve les dogmes aux initiés, elle s'attache pour tout autre à les recouvrir d'un pieux voile ; partout aussi on reconnaît qu'elle a cherché à ménager le néophyte dont l'éducation a été païenne ; elle a craint que le nouveau converti ne se sentît troublé devant la manifestation trop subite de ce qu'il avait entendu traiter de folie ; aussi, on trouve partout le Christ-Dieu, le Christ puissant et glorifié, faisant des miracles, accordant des grâces, pratiquant ou la miséricorde, ou la puissance ; jamais le Christ souffrant et humilié. Dans les galeries supérieures, la croix même n'apparaît que voilée. Sur les tombeaux, la réserve est pareille ; la croix se cache sous des symboles. On voit bien, par cette prudence, que partout elle appelait la fureur et la profanation païennes.

— Aussi, nous dit en terminant M. de Rossi, suivez-moi et examinez avec soin les inscriptions tumulaires qui passent devant vous : il y a ici, sous le corridor où nous sommes, quatre étages de galeries et de tombes ; voyez les premières, celles que des regards profanes pouvaient le plus facilement rencontrer, voyez leurs emblèmes, presque partout est le seul monogramme X, XP, bien connu du Christ, avec les deux lettres α et ω ; à la suite est le nom du fidèle endormi, avec ces deux mots *in pace* « en paix, » quelquefois l'image du défunt, ayant dans ses bras, une colombe, symbole de l'âme, portant dans son bec, soit un pain marqué de la croix, soit une grappe de raisin. Le Chrétien qui se rappelait ces mots de l'Evangile : *Ego sum vitis, ego sum panis vivus*, comprenait aussitôt que l'âme de celui qui était parti pour un monde meilleur, avait reçu la divine nourriture... Descendons, au contraire, aux étages inférieurs, où il était difficile de pénétrer ; la réserve diminue : elle disparait même ; car voyez, nous dit notre infatigable guide, voici la croix, voici en grec le nom même du Christ ; ici donc l'on a respiré en paix...

Dans cette descente rapide, quelques inscriptions touchantes avaient aussi attiré mes regards et ralenti mes pas ; j'avais aperçu ce nom *Gallia* « la France ! » je voulus lire ce qui concernait notre patrie, et je vis une épitaphe latine écrite en caractères grec :

> ICI, GORDIANUS, ENVOYÉ DE LA GAULE,
> ÉGORGÉ AVEC TOUS LES SIENS POUR LA FOI !
> ILS REPOSENT EN PAIX.
> THÉOPHILA, SA SERVANTE, A FAIT CE MONUMENT.

Cette piété d'une fidèle et courageuse servante m'avait ému. Pauvre Théophila, seule épargnée, sans doute, dans la famille que tu servais ! Combien ces simples mots disent ton dévouement et tes pieux offices !

Et plus loin, cette inscription :

> MARIUS ADOLESCENS
> DUX MILITUM
> QUI SATIS VIXIT
> DUM VITAM PRO XP CUM SANGUINE
> CONSUMPSIT IN PACE.
> BENE MERENTES CUM LACRYMIS
> ET METU POSUERUNT.

Quelle foi et quelle vive préoccupation dans ces lignes. C'est en larmes et dans la crainte, que ses amis élevèrent à Marius ce monument.

Ces mots *dans la crainte*, peignent bien ces époques de terreur.

En vérité, ces épitaphes qui passaient devant nous, leurs douleurs, leur saisissement, leurs craintes, me semblaient des voix présentes parlant à mon oreille : il n'y avait du passé que dans ces vieilles tombes, que dans ces ossements en poussière étendus devant moi. Aussi, le cœur saisi par ces plaintes désolées, quand on remonte vers les cryptes plus spacieuses des premières galeries, on revoit avec une émotion plus vive encore, leurs naïves et éloquentes peintures. En présence de ces tombeaux, de ce siége du courageux pontife, la distance des temps s'efface, la pensée appelle et aperçoit, rassemblés, les fidèles qui dorment en paix autour de vous : dans ces cryptes, éclairées par les lampes des néophytes, on voit leurs assemblées recueillies, on entend les cantiques de leur foi si pure, on assiste aux mystères sacrés qui donnaient à tous la force et l'espérance ; puis, on sort, attendri et comme eux consolés, de ces vénérables Catacombes, asiles de prière, de douleur et de sublime résignation, où les premiers chrétiens ont scellé avec leur sang les glorieuses assises du christianisme.

Tout entiers aux sentiments qui dominaient nos âmes, nous fûmes étonnés, en quittant le cimetière auguste, de voir que, déjà depuis longtemps, les étoiles envahissaient le ciel. Commencé près de la voie Ardéatine, notre voyage souterrain nous avait conduits jusque sur la voie Appienne.

En sortant de ces demeures, deux pensées remplissaient nos âmes : nous étions heureux d'avoir reconnu, dans cette intéressante journée, combien était intelligente, active et respectueuse des saints débris la main désignée pour diriger ces travaux ; mais nous éprouvions surtout une profonde reconnaissance pour le Souverain Pontife qui a commandé cette restauration et ces pieuses dépenses; par lui seront reconquis et sauvés, ces premiers et précieux souvenirs de notre histoire chrétienne: et le voyageur, déjà si ému par la contemplation des merveilles de Rome, pourra venir dans ce Vatican héroïque, redire sur ces tombes saintes la fervente prière du pèlerin des premiers âges.

MORREN.

SOUVENIRS D'UN VOYAGE

EN BELGIQUE

Par un Habitant de Marseille

Autrefois, un voyage en Belgique et en Hollande offrait, plus qu'aujourd'hui peut-être, un attrait immense, irrésistible, soit pour celui qui désirait admirer tous les chefs-d'œuvre dont les arts ont doté ces deux pays favorisés, soit pour le touriste qui, habitué aux splendeurs sévères et lumineuses du ciel de la Provence et à l'activité méridionale de ses populations, voulait, par contraste, contempler une nature moins austère, toujours verte et d'un doux repos pour les yeux, conquête patiente d'un peuple infatigable, qui cache son labeur obstiné sous des dehors doux et placides, dont nul peuple au monde ne possède comme lui la flegmatique apparence.

Le charme de la variété dans ce voyage accompagnait partout le visiteur. Après avoir quitté les chevaux impatients et rapides qui vous emportaient de Paris vers Bruxelles, on aimait se reposer dans ces voitures moins pressées, on aimait glisser mollement dans la barque élégante et confortable du canal de Bruges et dans les charmantes barques hollandaises. Hélas ! je me prends à regretter ces douceurs qui ne reviendront plus et qu'on ne peut comprendre qu'après les avoir goûtées. On se plaisait même à l'allure quelque peu engourdie de ces chevaux flamands si bien nourris et à ces haltes répétées des diligences, qui permettaient aux bons bourgeois des Flandres de savourer à leur aise toutes les variétés de bière de chaque village placé sur la route. Le calme heureux de toutes ces physionomies flamandes, s'alliait parfaitement avec cette douce manière de voyager au milieu de ces tranquilles paysages.

Aujourd'hui, tout a changé : le rail-way rapide a mis à la réforme chevaux, barques et modes variés de locomotion. En un jour, actuellement, on peut visiter les quatre coins du royaume. Mais, hélas ! adieu la physionomie toute particulière et si curieuse du pays ; là, comme ailleurs, la voie ferrée a brisé toutes ces émotions douces et poétiques qui étaient si souvent la précieuse baguette d'or du voyageur sentimental au milieu des lenteurs variées de la route; mais, en revanche, elle a conquis un dramatique privilège, celui de vous faire quitter la vie avec la rapidité de la foudre, soit en vous brûlant comme Sardanapale sur son bûcher, soit en vous ensevelissant sous les eaux, soit enfin en vous broyant entre les wagons amoncelés. Il y a, comme vous le voyez, une grande variété, une terrible puissance dans ce nouveau privilège.

Aujourd'hui, chacun saura bientôt sa Belgique par cœur ; hâtons-nous donc, s'il en est temps encore, de vous parler de quelques souvenirs d'une contrée de la Belgique où se trouve une ville si riche en toutes choses. Liège a, comme Marseille, une origine qui se perd dans la nuit des temps ; comme elle, son histoire offre des légendes saintes et respectables par leur antiquité, des événements pleins d'intérêt par les grands noms qui y figurent. Liège joint à l'avantage d'être une cité où l'industrie développe ses merveilles, où la science expose ses fécondes théories, celui de présenter au voyageur un pays privilégié du ciel sous le rapport des sites pittoresques qui l'entourent. Ceinte aussi de tous côtés par des montagnes qui forment une couronne autour d'elle, elle exige que l'on descende pour arriver dans son sein ; à l'exception toutefois des visiteurs jeunes et intrépides, amis passionnés de la belle nature, arrivant à pied à Liège par les vallées délicieuses qui, seules, coupent en les contournant les montagnes environnantes ; à l'exception des voyageurs apportés par la Meuse, pour jouir à leur aise de ces ravissans paysages qui ont conquis aux bords de ce fleuve leur antique réputation. Le chemin de fer lui-même, qui n'a pas osé comme à Marseille percer le flanc de la montagne, le chemin de fer a subi la loi commune, et il descend majestueusement dans la capitale de la province au moyen d'un plan incliné dont la célébrité est européenne, et qui inspire à tous ceux qui le connaissent une sécurité réelle et précieuse.

Je laisse aux touristes le soin de vous décrire les merveilles de la ville, son industrie si variée, ses monuments du moyenâge, et surtout ses innombrables et antiques églises. Je me bornerai à quelques impressions ineffaçables que ce charmant et pittoresque pays a laissées dans ma pensée.

La Belgique, premier pays où les facilités du sol ont permis d'établir avec aisance le premier réseau complet de chemin de fer, ne présente généralement à l'œil qu'une plaine unie et sans accidents de terrain, aussi le voyageur se sent-il profondément surpris, quand au sortir des wagons rapides qui l'ont descendu et déposé à Liège, et rencontrant comme je le fis une main amie et intelligente, il se voit dirigé vers les ravissantes perspectives des vallées de Quincampoix. Là, au bord d'une prairie dont la douce verdure rappelle la Suisse, à côté de mélèzes majestueux de grandeur et d'aspect, il peut en les dominant, saisir à son aise tous les détails caractéristiques de l'industrieuse cité.

Le temps était merveilleux de beauté et de calme ; partout je voyais s'élever, droites vers le ciel, des colonnes effilées de fumée blanche et noire, indices de l'activité de cette ruche d'abeilles ; je reconnaissais à ces signes les points où, depuis si longtemps l'homme va demander à la terre le combustible précieux qui maintenant est la base sur laquelle s'appuie

l'industrie humaine et qui a la prétention de vouloir changer
le monde. J'étais dans la région du calme, et cependant je
voyais tant de mouvement s'agiter à mes pieds! Cette situation toute favorable à la mélancolie a le privilége, comme
les lieux qui plaisent à l'âme, de donner libre carrière à la
folle du logis et de l'emporter vers les promesses de l'avenir.
Où marchons-nous [dans cette lutte incessante et victorieuse
de l'homme avec la matière ? dans ce mélange tourbillonnant
et rapide de toutes les races humaines ? quelle puissance gigantesque a été remise aux mains de ces nations occidentales ?
seront-elles dignes de la mission que Dieu leur confie ? accom-
pliront-elles avec énergie le pénible labeur qui doit porter
partout la civilisation et les vérités saintes dont le glorieux
drapeau leur est confié ? arriverons-nous, d'un autre côté, au
milieu de tant d'agitations, à rendre la vie matérielle tellement facile qu'il soit désormais possible à l'homme de tourner
vers le développement et les satisfactions de son intelligence
cette activité dévorante que Dieu lui a donnée de nos jours ?
l'équilibre sera-t-il conservé entre ces immenses progrès ma-
tériels et les conquêtes de l'esprit ? car l'homme ne vit pas
seulement de pain. Etrange époque que la nôtre ! époque sans
exemple dans les fastes humains ! la terre aujourd'hui semble
trop petite pour notre activité impatiente. Que faire désormais
sur un globe où l'on peut actuellement, même d'un bout à
l'autre, servi par de magiques communications, converser
aussi facilement que dans la causerie intime du coin du feu ?...

En proie à ces préoccupations et m'épanchant avec l'ami
qui me guidait dans la montagne, je ne m'aperçus pas que
notre promenade nous avait conduits sur les hauteurs qui
dominent la Meuse, où nous arrivâmes au moment du coucher
du soleil.

Les magnificences du paysage avaient changé : devant moi
une belle ceinture de forêts et à mes pieds le fleuve, ruban
brillant, doré par les derniers reflets du soleil, et fuyant

en serpentant se perdre à l'horizon. Je me croyais devant les seules beautés de la nature, et je remerciai mon guide de cette belle soirée qui, par son calme admirable, loin de toute cette agitation dont je venais d'être le témoin, reposait l'âme d'une manière si heureuse. Le calme ici n'est pas possible, me dit-il, regardez ce lointain ; voyez-vous sur les bords de la Meuse ces cheminées si nombreuses et même cette clarté qui jette sur quelques points du ciel sa lueur rougeâtre ? c'est Seraing, l'admirable établissement de Cockeril : cette dernière fumée plus dense que les autres, vous révèle le point d'où s'extrait la quantité énorme de houille que l'établissement consomme. Il existe même au sujet de ces mines une particularité curieuse. L'on désirait, pour obtenir du charbon de première qualité, descendre à une grande profondeur, et comme on connait par l'inclinaison de la couche, le point où, prolongée elle vient percer le sol, on peut, en choisissant son point d'attaque, savoir à quelle profondeur la couche sera rencontrée. On commence résolument le gigantesque travail, mais à mi-chemin un obstacle imprévu s'offre aux mineurs, une immense et rapide nappe d'eau, rivière souterraine, se présente devant la route à suivre pour arriver à la houille. Cockeril, l'intelligent et audacieux industriel ne s'effraie pas de la barrière qui lui est opposée, il place à côté de cette couche liquide une puissante machine à vapeur, qui doit mouvoir une pompe gigantesque. Celle-ci se charge d'aspirer le fleuve souterrain et le force de s'écouler, un étage plus haut, dans la Meuse. Dès lors la houille fut atteinte et réalisa toutes les espérances. Lorsqu'il visite ces mines profondes, le voyageur entend au milieu du silence solennel de la descente, les aspirations bruyantes de l'appareil cyclopéen, dont on a dû aujourd'hui modérer la puissance, le cours d'eau vaincu ayant diminué de volume.

Voyez, ajouta mon ami, la nuit est venue, regardez tous ces nuages lumineux qui sont au ciel : vous apercevrez ainsi le reflet des hauts fourneaux qui de tous côtés couvrent le pays: bien souvent des voyageurs, surpris par ces clartés insolites, ont pris quelques-unes de ces lumières rougeâtres pour des aurores boréales ou des météores lumineux. Vous pouvez aussi reconnaître de loin, à ces vives lueurs vertes et pourpres qui scintillent par intervalle, les établissements où le zinc et le fer sont préparés. On dit que Green, le célèbre aéronaute anglais, se rendant de Londres en Allemagne, et passant, la nuit, au-dessus de la province de Liège, resta stupéfait d'admiration devant cette illumination gigantesque qui couvrait la face du pays. Mais vous êtes fatigués, approchons-nous, pour y prendre du repos, de la houillère du Val-Benoit; la cloche nous avertit que les mineurs vont être relevés; toutes les six heures, la même opération a lieu. Nous entrâmes alors dans une salle spacieuse, au milieu de laquelle était béante une ouverture de deux à trois mètres de diamètre; deux cordes énormes, dont l'une montait, l'autre descendait, allaient glisser comme des serpents, sur des poulies attachées à de puissantes solives, puis disparaissant par une ouverture faite dans la muraille, elles entouraient un tambour mobile mis en mouvement par une machine à vapeur dont la marche et la précision admirables ont une réputation européenne. Nous n'en étions qu'à quelques pas et il nous était impossible de saisir le moindre bruit causé par la machine et par toutes ces masses de fer en mouvement, tellement sont parfaits et son mécanisme et l'agencement qui relie toutes ses pièces les unes aux autres. Ce silence est d'une nécessité absolue, car il faut que le gardien intelligent qui règle sa marche puisse saisir les moindres bruits, les moindres signaux indicateurs qui lui arrivent des profondeurs de la mine. Cette machine, c'est le cœur qui bat en silence, sans distraction, sans irrégularité pour donner la circulation, la vie, la sécurité à tout l'ensemble.

Tout d'un coup, une sonnette se fait entendre à l'ouverture, c'est un avertissement parti du fond de l'abime. Aussitôt le gardien, à qui la poussière de la houille a donné la teinte noire du jais, fait un signal vers la machine puissante, celle-ci docilement s'arrête pour reprendre son mouvement à un signal nouveau. Au bout de quelques minutes, l'homme noir fait signe encore et tout de nouveau s'arrête. Alors, s'approchant de l'ouverture, il saisit avec une longue main de fer une caisse carrée pleine de houille : puis lui donnant une oscillation cadencée, il amène ainsi, au moyen d'un facile effort, le lourd fardeau sur un chemin de fer où deux êtres à forme humaine viennent le saisir et l'entraîner.

Pendant cette opération, faite dans le plus grand silence, je vis arriver des mineurs aux figures hâves et noircies; chacun d'eux passa dans une chambre située à ma droite où un homme attentif et sérieux, donne à tous, une lampe fermée à clef et recouverte d'une toile métallique qui seule permet l'accès du sombre empire. Puis les mineurs vont, en attendant que chacun soit arrivé à son poste, se grouper sur des gradins en bois disposés en amphithéâtre. Tous jettent sur les deux étrangers des yeux fixes et curieux qui paraissent étinceler au milieu de la teinte noire et mate de leur visage.

Sur un geste du surveillant impassible qui garde l'ouverture et tient immobile avec sa baguette de fer un tonneau immense attaché à l'une des cordes, tous s'approchent et se plaçant sur la tonne s'apprêtent au ténébreux voyage.

En vérité, ce silence lugubre, cette funèbre solennité du départ me glaçaient l'âme; il me semblait involontairement que, semblable à Dante, j'assistais à une scène d'un autre monde; je voyais les êtres mandés par une puissance souveraine venir recevoir l'âme, le feu divin, puis se placer silencieusement autour de nous, attendant le signal du départ que va leur donner l'impassible gardien qui préside à ces mystérieux mouvements.

Enfin, un signe est fait; tous les mineurs se découvrent et récitent à demi-voix la prière du départ; puis la machine avertie laisse descendre lentement son précieux fardeau. En ce moment, les passagers commencent, pour la continuer toute la route, une invocation à la Sainte Vierge et à saint Léonard, patron des mineurs. Je m'approchai alors de l'ouverture, je vis peu à peu toutes ces ombres disparaître dans l'obscurité, mais j'entendais encore leurs voix murmurantes ; peu à peu celles-ci s'adoucirent, et je ne voyais alors que les lampes portées par les mineurs et formant comme une couronne d'étoiles ; la couronne ne fut bientôt plus qu'un point qui, lui-même, s'enfonça et disparut aussi, vaincu par les humides ténèbres. Quelques moments après, la sonnette parla encore, la machine s'arrêta, les passagers avaient heureusement accompli leur voyage.

Je sortis de la houillère du Val-Benoit sous l'empire d'un cauchemar horrible causé par les dangers sans nombre, par les tristesses habituelles qui remplissaient la vie de ces pauvres hommes. Que de souvenirs un morceau de houille ne me rappellera-t-il pas ! En vain mon guide, homme positif par excellence, dont la gaîté spirituelle et légère, tout Flamand qu'il était, s'accommodait fort peu de ce qu'il appelait en moi le songe-creux de la poésie, en vain mon guide cherchait-il à me parler de la situation heureuse des mineurs, de leur remarquable moralité, de l'agrément original que présente le travail et le séjour sous terre ; des magnificences de ces sombres galeries ou des champignons phosphorescents répandent une blafarde lumière, où les chevaux qui y passent leur vie changent de pelage pour prendre un poil long et frisé ; où ces mêmes créatures, vivant dans un air chaud et humide, se guérissent complètement des maladies de poitrine qu'elles peuvent avoir avant leur descente dans le noir Averne. Tout cela glissait sur moi, et je ne pouvais m'empêcher de plaindre ces pauvres condamnés qui ne reverront plus la lumière du soleil et ne respireront plus l'air embaumé des prairies.

— Mais vous n'êtes donc jamais descendu dans les mines, s'écria-t-il, puisque vous voilà tout anéanti par ce spectacle?

— Si, pardon! m'écriai-je; j'ai même souvent pratiqué ces descentes, mais voici comment j'ai été guéri de l'affection sans égale que j'avais pour ces voyages, je me borne désormais à la locomotion sur la surface du globe. J'habitais l'Anjou, lorsqu'un jeune homme de Paris me fut adressé, au milieu d'un voyage d'instruction et d'agrément dans l'ouest de la France. Après avoir admiré les merveilleuses carrières d'ardoises d'Angers, je proposai mes courses favorites et une descente aux houillères de la Haye-Longue, près Rochefort-sur-Loire. Tout nous engageait à cette visite. La Loire est si pittoresque et si belle, les bateaux à vapeur rendent le voyage si facile, que nous partîmes sans hésiter. L'ingénieur des mines m'était connu, il s'offrit à nous accompagner lui-même dans notre descente. Nous voilà donc revêtus du costume de mineur, sauf la teinte sévère que nous ne devions posséder qu'au retour. Nous montons tous les trois sur le fatal véhicule et nous descendons. Peu à peu l'ouverture s'éloigne de nous, se rétrécit et ne paraît bientôt plus que comme une étoile au ciel. Le silence se fait autour de nous, il est seulement troublé par la chute de quelques gouttes d'eau qui coulent le long du mur humide du puits sans fin qui est sous nos pieds. La corde, à laquelle est attachée la tonne qui nous porte, acquiert, par sa grande longueur, une élasticité qui nous berce en nous descendant, et nos lampes projettent sur les murailles noircies nos ombres mobiles qui oscillent et nous semblent des spectres voltigeant autant de nous. Notre Parisien rompit le premier le silence pour parler à l'ingénieur; mais celui-ci, absorbé par une attention impérieuse, ne dit que ces mots :

— Chut! chut! Après le danger, nous causerons.

Alors il se penche vers le milieu du sombre abîme, saisit avec la main la corde qui voyageait en sens contraire de la nôtre, puis interroge au-dessous de nous les ténèbres où nous descendons. Bientôt son attention redouble et je le vois, sans lâcher la corde qui glisse entre ses mains, éloigner autant que possible le tonneau énorme et plein de houille qui passe auprès de nous ; nous apercevons celui-ci passer et monter au-dessus de notre tête pour s'élever à la surface pendant que nous continuons à descendre.

— A présent, nous dit-il, je suis à vous ; le danger est passé... Que voulez-vous?

— Rien, oh ! plus rien, dit le Parisien ; votre danger m'a ôté les idées.

— Qu'est-ce que c'est donc que votre danger ?

— Pas grand'chose, dit l'ingénieur, une misère qu'un défaut d'attention peut nous causer. Voici hier ce qui m'est arrivé, et vous comprendrez toute ma sollicitude aujourd'hui. Je faisais, avec un visiteur, capitaine de voltigeurs au 51e de de ligne en garnison à Angers, ce que nous faisons aujourd'hui. Le capitaine était fort gai, fort aimable, et en descendant nous causions et nous devisions à notre aise. Le contremaître qui m'accompagne d'ordinaire et prend les soucis de la descente, n'était pas avec nous comme aujourd'hui. Cette inattention était imprudente, car, au milieu de la route, la tonne qui montait s'accrocha à la nôtre qui descendait ; le choc inattendu fut violent, la secousse assez vive, pour me faire lâcher la corde et je tombai dans l'abime... Dans ma chute, heureusement, j'eus le bonheur de saisir l'une de ces planches que vous voyez tapisser de distance en distance le puits où nous sommes ; quant à ma lampe, elle fut moins heureuse et elle partit pour le voyage de 400 pieds qui sont au-dessous de nous. Je levai les yeux pour voir ce qu'était devenu le petit capitaine de voltigeurs ; il avait en ce moment une singulière occupation : le tonneau ascendant emportait accroché le tonneau d'où j'avais été désarçonné avec le capitaine ; et celui-ci n'ayant pas comme moi lâché la corde, la tenait à deux mains et restait suspendu à l'endroit le plus bas et au-dessus de l'abîme, continuant à suivre avec les mains le mouvement de la corde qui remontait toujours.

Courage, courage, capitaine, tenez bien ; je vais à votre secours.

— Comment, vous n'êtes pas mort, cria-t-il, Dieu soit loué ; pour tenir ferme comptez sur moi ; cependant, je ne vois guère comment vous ferez pour venir me trouver.

— Attention, attention, lui dis-je, le mouvement va changer de sens.

En effet, j'étais parvenu à saisir le fil de la sonnette qui, courant tout le long du mur du puits, sert à diriger la machine à vapeur et à régler la descente ; je fis d'abord arrêter, puis marcher en sens contraire ; les deux tonneaux accrochés descendent, le capitaine joue des mains dans un autre sens et rejoint les deux tonneaux qui lui arrivent. Je fais arrêter alors et je vois cet homme intrépide les dégager l'un de l'autre, reprendre sa position et me crier : Vive Dieu ! vous m'avez sauvé ; à vous maintenant. Je fis continuer à descendre, puis, au passage, je repris le tonneau à côté de cet énergique militaire, dont l'admirable sangfroid, la gaîté même et l'insouciance de la vie, au milieu d'un effroyable danger, sont encore pour moi de merveilleuses choses. Le reste du voyage fut irréprochable d'attention, je vous le promets, et vous comprenez très-bien maintenant pourquoi je ne cause plus dans la première moitié de la descente. »
— Notre voyageur parisien se trouva satisfait, mais il faut avouer que lui et moi nous visitâmes ces mines avec la scrupuleuse attention d'un suprême adieu, et de retour à la lumière, nous nous promîmes bien l'un et l'autre de ne plus recommencer, sans nécessité, une excursion dans ces immenses profondeurs.

Mon Flamand, que ce récit avait rendu très-attentif, se mit cependant à rire à mes serments ; eh bien ! me dit-il, puisque vous ne voulez plus descendre dans les mines, nous descendrons sous terre autrement, demain nous visiterons la belle vallée de l'Ourthe et les grottes de Tilft ; si vous aimez le pittoresque et l'imprévu, vous serez servi à souhait.

Effectivement, dès le matin, *une diligente*, c'est ainsi que s'appellent les voitures à deux chevaux à Liége, était à nous attendre et nous partîmes avec plusieurs dames pour cette charmante exploration. La *diligente* nous déposa au commencement des montagnes, à l'endroit où deux vallées se séparent ; dans l'une, coule la Vesdre, et dans l'autre, l'Ourthe. C'est cette dernière rivière dont nous suivimes les bords.

Tantôt encaissées entre deux lignes de montagnes pittoresques, tantôt libres et laissant apercevoir d'admirables échappées, ces vallées rappellent, mais dans des dimensions plus restreintes, les plus délicieuses contrées de la Suisse et du Tyrol. De temps à autre, des ruines féodales animent le paysage et donnent un aspect de mélancolie à certaines parties de ces riches tableaux. De distance en distance, on voit et on entend les belles cascades de l'Ourthe, d'où s'élève d'abord, en fumée légère, une vapeur bleuâtre qui ensuite jette délicieusement sa teinte sur le contour adouci des montagnes les plus éloignées.

Tout entier à la magie du paysage, il m'était impossible d'écouter jusqu'au bout les antiques et souvent sanglantes légendes dont le souvenir était éveillé chez mes compagnons de voyage par les ruines et la vue des sites qui en ont été le théâtre. J'ose à peine vous parler d'un château cependant bien connu dans les légendes populaires de Liége et qui était situé comme un nid de faucon sur la cime escarpée d'une montagne. Je n'entendis pas et le nom des ruines et le nom de ceux qui avaient péri avec le sombre et féodal manoir. Tout ce que je retins, c'est que là se trouvait un seigneur farouche, aussi cruel que puissant, la terreur de la contrée, couverte par lui de sang et de deuil. En vain on avait cherché à détruire le repaire effrayant, chaque combat avait été inutile, chaque tentative n'avait fait qu'affermir et rendre pleine d'audacé la puissance du tyran dominateur. Chacun n'avait plus d'espérance que dans l'épée du seigneur-prince évêque de Liége : mais celui-ci, sourd à toutes les prières qui lui étaient adressées, paraissait, au contraire, vivre en bonne intelligence avec son cruel et redoutable voisin.

Cette situation eût été sans terme, si Dieu n'avait pas fait venir la délivrance d'où elle n'était pas espérée. Dans les razzias féodales où la soldatesque du tyran faisait périr tant de créatures humaines, il y eut un jour un instant de miséricorde : on laissa vivre une jeune fille qui devint ainsi l'un des hôtes du château. Tout ce qu'on peut imaginer de charmes et de grâces se développa bientôt sur l'enfant marqué par le doigt du Seigneur. Elle avait trouvé le chemin de ces cœurs jusque-là sans pitié. C'était à qui lui rapporterait les plus jolis présents, les plus belles parures que la jeune fille, dans sa candeur naïve, employait à relever sa merveilleuse beauté. Elle devint fervente chrétienne, sans qu'on sût jamais qui lui avait prodigué ces pieux enseignements. C'était sans doute celui qui s'était plu à placer sur la délicieuse créature cette majesté et cette distinction de beauté, de manières qui commandaient le respect autour d'elle. Pleins de vénération pour sa pureté, les habitants du château lui avaient donné le nom de la reine des cieux, et de plus le balancement particulier de sa tête charmante l'avait fait surnommer *Marie au col de Cygne*. Avec elle il semblait que peu à peu un air plus pur, des habitudes moins terribles se glissaient dans le sombre manoir. Le farouche tyran ne vit pas sans émotion cette beauté naissante dont il était le maître, et par un de ces singuliers contrastes que l'on voit si souvent, la blanche et pure jeune fille sentait son cœur ému devant cet homme aux mains rougies par le crime. Qui sait l'espoir dont se flattait son cœur ? Toutefois, elle déclara qu'une union sainte et bénie par un prêtre la donnerait seule à son seigneur qu'elle avouait aimer. Longtemps on sollicita la bénédiction de l'évêque de Liège, qui enfin se laissa fléchir. Dieu aussi bénit ce lien consacré, car *Marie au col de Cygne* donna bientôt le jour à un fils, dont la venue combla de bonheur le châtelain. Celui-ci voulut que la cérémonie du baptême, implorée par Marie, fut entourée d'une splendeur égale à sa joie. La jeune mère résolut d'aller elle-même prier l'évêque de venir verser l'eau sainte sur le front du nouveau-né. C'était la première fois qu'un ange de paix sortait des portes du sombre château. L'évêque attendri par la jeune femme consentit à aller, à la tête de tout son clergé, dans la demeure de celui que Dieu ramenait dans la voie de justice. Or donc, par une belle matinée, sortit de Liège le prince évêque, revêtu de ses habits sacerdotaux, suivi de son pieux cortége en grand costume, les bannières saintes déployées. Le châtelain, du haut de ses tours, voyait la procession solennelle arriver à pas lents à travers les prairies, entourée d'un nuage d'encens offert au Seigneur, et précédée par les chants religieux qui l'annonçaient.

Le cœur du tyran était gonflé de joie et d'orgueil; cependant son œil fixe et lugubre témoignait des rudes combats qui se livraient dans son âme; il vit combien il était facile d'ouvrir ses serres sur cette proie splendide et brillante que conduisait pacifiquement vers lui le prélat contre lequel il conservait toujours une inimitié mortelle. Les portes du manoir, si prudentes d'ordinaire, s'ouvrirent cette fois pour laisser entrer le nombreux cortége; mais sous le costume du prêtre était l'homme d'armes; les ordres les plus implacables avaient été donnés, et, en un instant, soldats, château, seigneur, et même aussi nouveau-né, jeune mère, tout fut anéanti. La légende populaire dit bien bas que par un raffinement de vengeance, indigne de chrétiens, la soldatesque, irritée par les longs méfaits de l'oppresseur, poignarda le fils nouveau-né avant même que l'eau du baptême en eût fait un chrétien. Elle ajoute que ce seul fait empêcha plus tard à Rome la canonisation du prince évêque, bien qu'un ange eût appris que Marie en mourant avait ondoyé son fils avec son sang.

Les Liégeois, si ces détails arrivent sous leurs yeux, ne me pardonneront pas quelques inexactitudes, peut-être quelques omissions dans des récits qui leur sont chers et qui appartiennent à leur histoire. Mais qu'ils songent, pour m'excuser, à la beauté de ces délicieuses vallées et aux distractions qu'elles inspirent à celui qui écoute des récits au milieu d'elles. J'avoue que, séduit par les magnificences de cette gracieuse nature, j'avais donné toutes mes joies, tout mon empressement à toutes les belles choses qu'elles présentent, à ces fleurs aux vives couleurs que produisent les montagnes, à ces papillons aux ailes d'or et à ces insectes diaprés que les fleurs attirent auprès d'elles.

Enfin nous arrivons à Tilft, charmant village situé au bord de la rivière; là, après un bain dans les eaux rapides de l'Ourthe, après un repas parfaitement fêté par des appétits de voyageurs montagnards, mon ami, chef et guide de notre bande animée, nous dit de nous préparer à la visite des grottes de Tilft, et d'avoir soin d'éloigner de nos toilettes tout ce qui pourrait souffrir d'une excursion souterraine, ayant souvent de l'analogie avec celle de la taupe.

Un conducteur nous est amené, on le charge des flambeaux qui plus tard doivent nous éclairer sous terre, et nous voilà en route. Cependant une pensée inquiète me rapprocha de mon ami; un mot, s'il vous plaît, lui dis-je; y a-t-il dans votre grotte des tonneaux qui montent et qui descendent? — Non, non, rassurez-vous, vous n'aurez d'autre véhicule que vos jambes avec vos mains à l'occasion; vous me bénirez ce soir, vous le verrez; d'ailleurs, exposerai-je avec vous ma femme et mes enfants? Soyez confiant et rassuré.

Nous arrivons enfin, après environ une heure de marche, au pied d'une belle montagne de calcaire, semblable à la Marsi-à-Veire de Marseille; là se trouvait une fissure assez étroite, fermée par une porte en bois. Notre guide l'ouvre, nous précède, allume et nous donne à tous des flambeaux, puis se met en marche à notre tête en nous demandant une attention soutenue et nous priant de faire scrupuleusement tout ce qu'il ferait lui-même. Je le suis le premier, et nous sommes bientôt introduits avec une extrême facilité dans une série de grottes spacieuses, tapissées partout de facettes brillantes qui scintillent sous l'éclat mobile de nos lumières. L'eau suinte de toutes parts à travers les fissures de rochers. Puis, abandonnant le carbonate de chaux qu'elle tient en dissolution, elle forme partout, en stalactites brillantes, les dessins les plus variés et les plus fantastiques. Ici, c'est une salle où pendent de tous les points du plafond des aiguilles effilées, blanches et très-longues. La lumière de nos flambeaux, réfléchie par les mille facettes des cristaux, illumine ces voûtes par les plus étonnants jeux de lumière, changeant sans cesse à chaque mouvement des spectateurs. Quelques-unes de ces colonnettes si élancées descendent vers la terre rejoindre des colonnes semblables, qui paraissent sortir du sol pour s'élever vers les premières. Ici, le bizarre caprice de ces productions a figuré une harpe gigantesque, un orgue avec ses massifs supports ; ces fantastiques instruments semblent attendre le génie de ce séjour glacé, pour faire entendre leurs sépulcrales harmonies. Plus loin, des arceaux variés de forme et de grandeur, couverts d'hiéroglyphes mystérieux, vous font rêver malgré vous à l'ornementation bizarre et chargée de l'architecture arabe. Là, c'est une chaire gothique avec les arceaux dentelés du dais élégant qui la surmonte. Chacune de ces représentations qui vous étonnent a donné son nom à la salle qu'elle décore.

J'avoue que ce magique spectacle me fit oublier et mes craintes et mes serments. Mon visage rassuré n'échappa point à mon Belge malin, car il s'écria : *En avant!* et je marchai dans ma confiance. Mais le chemin changea d'aspect ; nous cheminions le long et à mi-côte d'une immense et profonde fissure, tantôt passant d'une pente de rocher à l'autre, tantôt marchant sur une étroite saillie qui simulait un balcon sans balustrade le long du rocher contre lequel nous étions collés comme des lézards ; si par hasard nous poussions du pied quelque pierre

placée sur notre passage, celle-ci tombait dans la noire et
béante fissure, frappant tantôt l'un, tantôt l'autre côté, puis
enfin, au bas de la longue descente, elle arrivait avec un
bruit retentissant dans l'eau dont elle nous révélait la présence au fond de l'abime.

— Soyez sans crainte, nous dit notre Belge, le Français en
a bien vu d'autres, et pour lui tout cela n'est pas profond.
En avant! en avant!

Cependant le guide ne fut pas de son avis, car arrivé dans
une partie plus spacieuse, il nous dit :

— Les dames resteront ici, la route deviendra trop difficile; que l'un de ces messieurs reste avec elles.

Puis se tournant vers moi :

— Si monsieur, qui me paraît avoir le pied sûr et la tête
solide, veut me suivre, nous irons jusqu'à la partie la plus
curieuse de la grotte, vers la source dont les eaux coulent
sous nos pieds.

Chacun cria bravo à la proposition, et moi-même, hélas!
emporté par ce vilain bourgeon de la vanité dont a parlé si
savamment le bon Topfer dans ses *Nouvelles genevoises*, j'applaudis aussi pour dérouter le regard malin de un Belge,
véritable diable incarné qui restait et s'arrêtait en gardien
auprès de nos dames. Je suivis donc le guide montagnard, et je
vis bien qu'effectivement il avait compté sur un pied agile et
sur une bonne tête, car entre nous deux commença une course
haletante dans laquelle nous escaladions les murailles, nous
franchissions les ravins, comme font sans doute les noirs démons; les ténèbres me cachaient les profondeurs placées au-dessous de nos pieds; mais, hélas, ma pauvre imagination les
creusait outre mesure. Décidément, c'est une mauvaise chose
que l'imagination. Souvent nous rampions comme les serpents,
touchant la terre avec le ventre et le dos, n'avançant qu'à
l'aide de nos coudes et de nos mains et fort embarrassés par
notre flambeau.

Enfin nous arrivons près d'un ruisseau qui anime par son

murmure ces silencieuses cavernes; là était le terme de notre course folle. Nous nous reposons, et j'en avais besoin : la sueur inondait tout mon corps; je voulais boire, mais mon guide m'en empêcha; l'eau était glacée.

— Partons alors, retournons, lui dis-je, je ne me reposerai pas.

Et nous voilà recommençant cette course de *Lénore*, mais avec les sentiments plus rassurés du retour, et par conséquent une plus grande vitesse, sans toutefois négliger de poser avec soin mes pieds et mes mains, sachant trop bien le rapide voyage qu'une maladresse pouvait m'imposer. Cependant une distraction m'arriva; je jette un cri et je tombe. Ce n'était heureusement qu'une différence de niveau d'un mètre que mes pieds trouvaient à leur insu. Seulement le mouvement brusque et inattendu imprimé à toute ma personne avait éteint mon flambeau. Le guide, effrayé du bruit, se retourna, et sa précipitation fut telle que son flambeau s'éteignit aussi comme le mien. Nous étions heureusement l'un près de l'autre.

— Êtes-vous blessé? me dit-il.

— Non, Dieu merci; mais vous, seigneur guide, avez-vous sur vous des allumettes, car je vous ai vu laisser à la porte d'entrée la petite boîte bleue qui nous a servi?

— Oh! c'est pourtant vrai, monsieur!

— Cherchez donc dans votre poche, m'écriai-je; vous êtes fumeur, voyez si vous n'en auriez pas ailleurs conservé quelques-unes.

Effectivement l'oublieux jeune homme retrouva deux seules, deux précieuses allumettes chimiques. Mais comment les allumer, comment les frotter? tout était humide autour de nous. C'est alors que je regrettai de toute mon âme l'amadou et le classique briquet.

— Donnez-moi l'une de vos allumettes; au moins si vous manquez la vôtre, je tâcherai d'être plus habile pour la mienne. C'est bien. A présent, faisons les choses en règle. Tâtez d'abord si le dessus de vos souliers est plus sec que vos vêtements ; puis frottez sans la briser votre allumette, et réussissez si vous pouvez.

Ce qui fut dit fut fait, et le *fiat lux* du Créateur ne fut pas plus heureux. La lumière resplendit du premier coup au milieu de l'obscurité, qui ne m'avait jamais semblé si noire.

Les flambeaux rallumés, le guide voulut repartir. Pas du tout, lui dis-je, restons; reposons-nous, s'il vous plaît, et dites-moi comment nous aurions fait si les allumettes eussent manqué à l'appel. — Mais, monsieur, c'est tout simple; il n'y avait pas à bouger de place, sous peine de se casser le cou; les personnes qui sont là-bas nous auraient d'abord attendus, car ne connaissant pas la route, elles n'auraient pu venir nous chercher; mais ne nous voyant pas revenir, elles seraient sorties des grottes, si leurs flambeaux n'avaient pas été consumés par suite d'une attente trop prolongée; elles auraient été au village chercher Pierre, ou bien peut-être, ne me voyant pas rentrer ce soir, ma mère se serait mise en quête, et... — Allons, allons, c'est assez, car je frissonnais déjà à la pensée de toutes ces inquiétudes causées à mes chers compagnons de voyage et à la perspective d'une nuit passée sous terre en la société de mon guide, quelque aimable qu'il pût être; levons-nous et en route, mais sagement, cette fois. Il n'y eut plus de distractions, nous rejoignîmes notre monde et revîmes avec délices la lumière; je pensai alors aux deux pigeons de Lafontaine.

« Voilà nos gens rejoints et je laisse à penser
» De combien de plaisirs ils payèrent leurs peines. »

J'en étais à savourer l'air pur du dehors et à renouveler tous les serments contre les excursions aventureuses, lorsque j'aperçus le regard de mon Belge, à qui le guide avait compté cette aventure ; mais je n'étais pas à la fin de mes peines.

Arrivé à Tilft, tout le monde sentait ses jambes fatiguées et notre Belge, Charles Morren, le savant et si regretté botaniste, proposa de profiter d'une barque qui s'en retournait à Liège.

Pour cette fois, fatigué comme je l'étais, mes acclamations furent sans arrière-pensée et sans crainte. Nous voilà donc partis, heureux de notre délicieuse journée. Nous étions mollement assis dans notre barque rapide, emportée par le courant, et devisant avec une gaieté folle. Tout-à-coup, une pensée me saisit le cœur, notre Belge la lisait sur mon visage inquiet, et cependant il restait impassible. — Mais les cascades, les cascades, m'écriai-je. Je n'avais pas eu le temps de recevoir sa flegmatique réponse que déjà notre bateau touchait le bord de de ces chutes rapides et bruyantes. Pendant quelques secondes il s'avance horizontal, enfin le devant se faisant plus lourd à mesure qu'il glisse entraîné, le bateau s'incline, touche l'eau arrondie et s'élance comme une flèche avec elle.

J'en étais encore à chercher à respirer que déjà la barque arrivée dans une onde calme et profonde, poussait devant elle avec puissance une masse d'eau énorme qui arrêta sa vitesse ; à la seconde cascade nous nous y prîmes de la même manière et avec le même succès ; mon émotion, cette fois, au lieu d'être toute crainte, fut moitié plaisir, et à la troisième nous demandâmes, tous ravis, combien il y en avait encore. Ces dernières péripéties avec quelques autres trop longues pour être contées aujourd'hui, terminèrent merveilleusement notre journée.

J'aurais sans réserve admiré et aimé ces sauts à la cascade qui seraient restés pour moi une émotion douce et charmante si, quand ma pensée en évoque le souvenir, je n'avais à craindre d'être la nuit suivante, dans mes rêves, réveillé en sursaut, glissant sur des ondes emportées, noires comme le Cocyte, dans les ténébreux abimes des grottes de Tilft et les profondeurs des mines du Val-Benoit ; car j'abhorre le cauchemar et ses oppressions lugubres ; que Dieu vous en préserve, cher lecteur !

Aug. MORREN.

www.ingramcontent.com/pod-product-compliance
Lightning Source LLC
Chambersburg PA
CBHW060940050426
42453CB00009B/1103